FOR TEENS AND YOUNG ADULTS

PETER PAUPER PRESS, INC.
Rye Brook, New York

PETER PAUPER PRESS

In 1928, at the age of twenty-two, Peter Beilenson began printing books on a small press in the basement of his parents' home in Larchmont, New York. Peter—and later, his wife, Edna—sought to create fine books that sold at "prices even a pauper could afford."

Today, still family owned and operated, Peter Pauper Press continues to honor our founders' legacy—and our customers' expectations—of beauty, quality, and value.

Images used under license from Shutterstock.com

Designed by Victoria Fuks

Peter Pauper Press, Inc.
3 International Drive
Rye Brook, NY 10573 USA

Published in the United Kingdom and Europe by
Peter Pauper Press, Inc. c/o White Pebble International
Units 2-3, Spring Business Park
Stanbridge Road
Havant, Hampshire PO9 2GJ, UK

ISBN 978-1-4413-4222-5
Printed in China

7 6 5

www.peterpauper.com

Here's What's Inside:

Aa	Bb	Cc
Dd	Ee	Ff
Gg	Hh	Ii
Jj	Kk	Ll
Mm	Nn	Oo
Pp	Qq	Rr
Ss	Tt	Uu
Vv	Ww	Xx
Yy	Zz	

Welcome to Cursive!

Cursive writing is fun and easy.

And it's satisfying to learn to write beautifully. Use this book to help you do just that!

Start by mastering each letter, uppercase and lowercase. Simply follow the step-by-step diagrams. Learning to form letters, followed by forming words and sentences, will help you learn cursive writing more quickly.

Take your time. Let your pen or pencil follow the light gray lines. Go with the flow! The best way to learn and improve is to practice as much as you can.

Sit in a relaxed, upright position. Place your paper and your pen or pencil in front of you.

Are you right-handed? Try placing the paper so that the corners on the top right and bottom left are right in front of your nose. Keep the paper still with your left hand.

Are you left-handed? Position your paper so that the corners on the top left and bottom right line up with your nose. Use your right hand to keep the paper still.

Use the three-point grip: Hold your pencil or pen with your thumb and forefinger and rest it on your middle finger. Try not to hold the pen or pencil too far up or down. Again, try to relax. If you grip too tightly, your hand will get tired quickly. Let your thumb and forefinger guide your pen or pencil across the paper.

Right-Handed

Cursive

Left-Handed

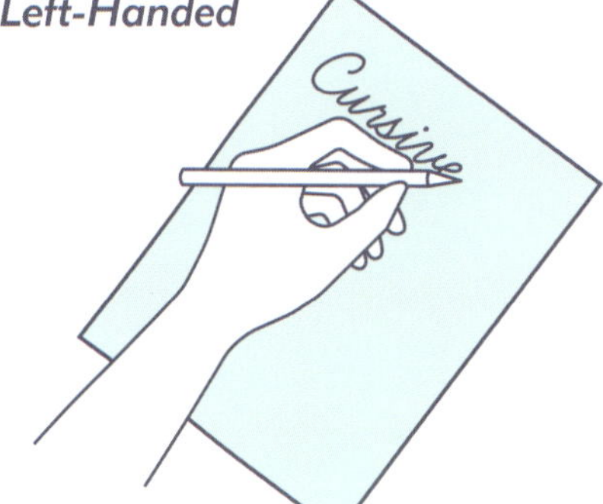

The Cursive Alphabet Uppercase

A B C D

E F G H

I J K L

M N O P

Q R S T

U V W X

Y Z

A B C D E F G H I J K L M N O P Q R S T U V W X Y Z

A B C D E F G H I J K L M N O P Q R S T U V W X Y Z

The Cursive Alphabet Lowercase

a b c d

e f g h

i j k l

m n o p

q r s t

u v w x

y z

a b c d e f g h i j k l m n o p q r s t u v w x y z

a b c d e f g h i j k l m n o p q r s t u v w x y z

Aa Practice Each Letter of the Alphabet

Trace each letter, then practice writing the letter.

A a a a a a

a a a a a a a

A B C D E F G H I J K L M N O P Q R S T U V W X Y Z

a B C D E F G H I J K L m n O P Q R S T U V W X y z

Bb

Trace each letter, then practice writing the letter.

1 2 3

B B B B B B

1 2 3

b b b b b b b

a b c d e f g h i j k l m n o p q r s t u v w x y z

a b c d e f g h i j k l m n o p q r s t u v w x y z

Cc

Trace each letter, then practice writing the letter.

A B C D E F G H I J K L M N O P Q R S T U V W X Y Z

A B C D E F G H I J K L M N O P Q R S T U V W X Y Z

Trace each letter, then practice writing the letter.

1 2 3

D D D D D D

1 2

d d d d d d d

a b c d e f g h i j k l m n o p q r s t u v w x y z

a b c d e f g h i j k l m n o p q r s t u v w x y z

Ee

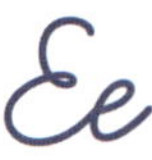

Trace each letter, then practice writing the letter.

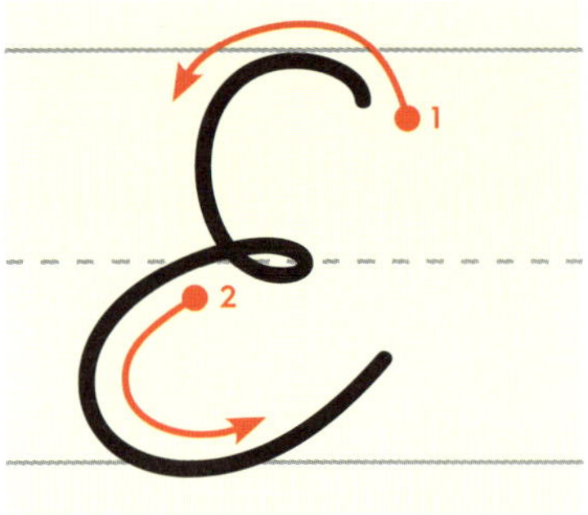

E E E E E E

e e e e e e e

A B C D E F G H I J K L M N O P Q R S T U V W X Y Z

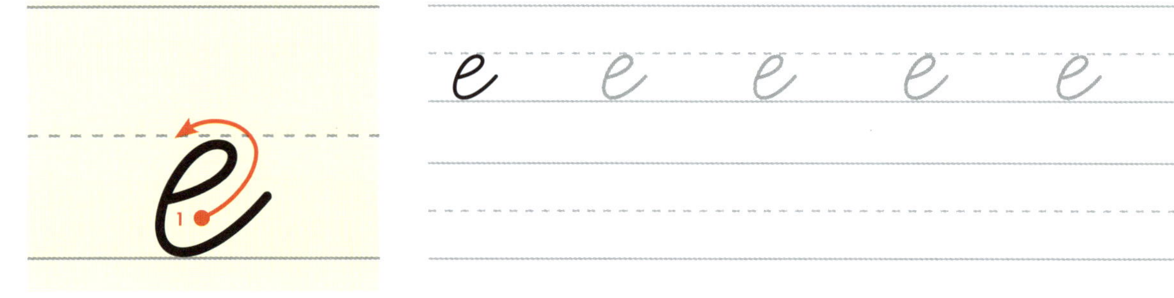

a B C D E F G H I J K L m n O P Q R S T u V W X y Z

Trace each letter, then practice writing the letter.

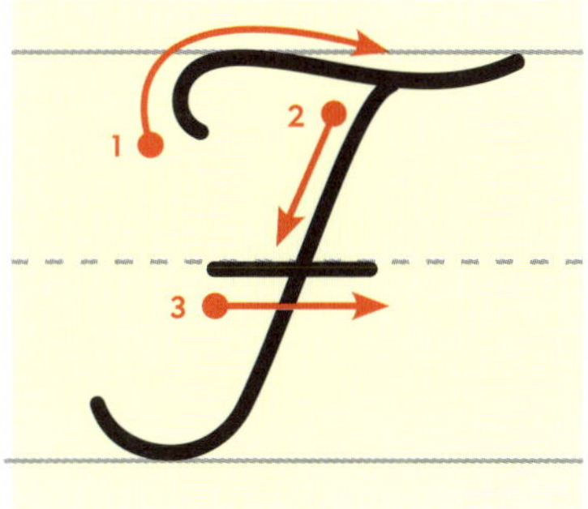

a b c d e f g h i j k l m n o p q r s t u v w x y z

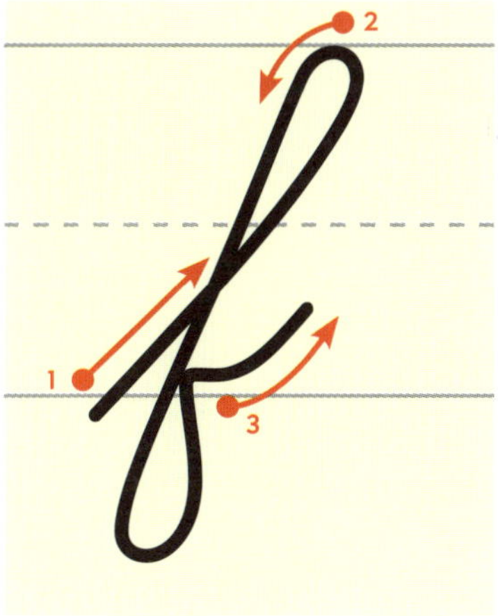

a b c d e f g h i j k l m n o p q r s t u v w x y z

Gg

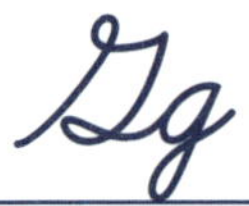

Trace each letter, then practice writing the letter.

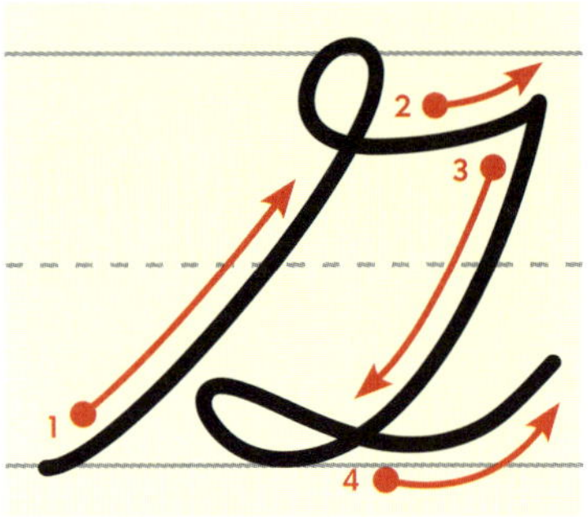

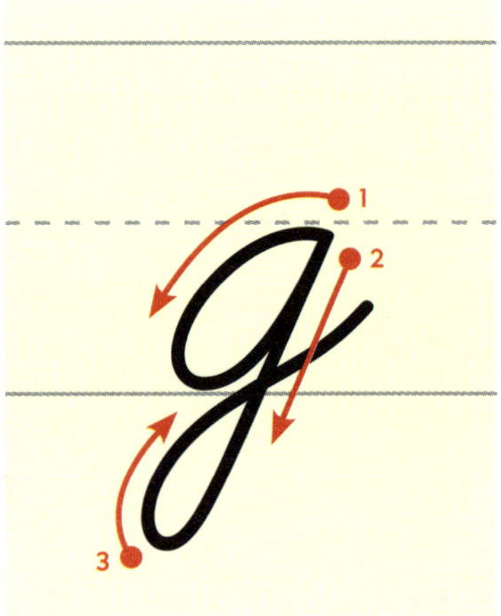

A B C D E F G H I J K L M N O P Q R S T U V W X Y Z

A B C D E F G H I J K L M N O P Q R S T U V W X Y Z

Hh

Trace each letter, then practice writing the letter.

1 2 3 4

H H H H H H

2 1 3

h h h h h h h

a b c d e f g h i j k l m n o p q r s t u v w x y z

a b c d e f g h i j k l m n o p q r s t u v w x y z

Trace each letter, then practice writing the letter.

A B C D E F G H I J K L M N O P Q R S T U V W X Y Z

Trace each letter, then practice writing the letter.

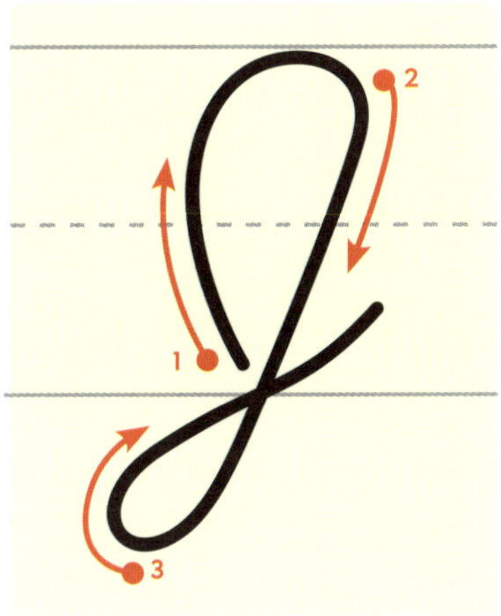

a b c d e f g h i j k l m n o p q r s t u v w x y z

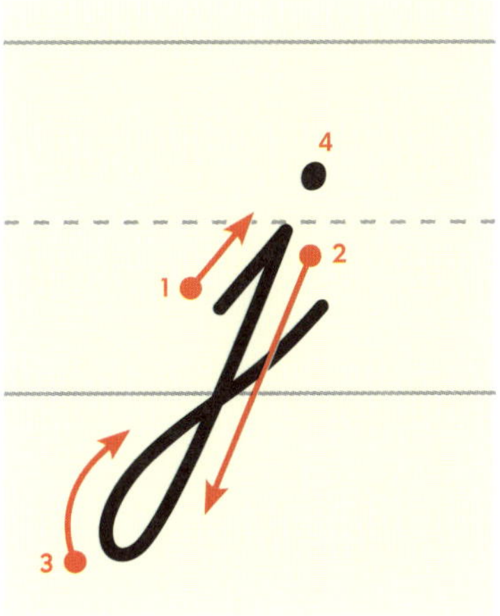

a b c d e f g h i j k l m n o p q r s t u v w x y z

Trace each letter, then practice writing the letter.

A B C D E F G H I J K L M N O P Q R S T U V W X Y Z

Trace each letter, then practice writing the letter.

1 2 3

1 2

a b c d e f g h i j k l m n o p q r s t u v w x y z

a b c d e f g h i j k l m n o p q r s t u v w x y z

Trace each letter, then practice writing the letter.

1 2 3

1 2 3

A B C D E F G H I J K L M N O P Q R S T U V W X Y Z

Nn

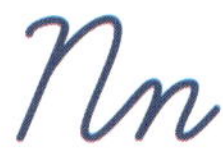

Trace each letter, then practice writing the letter.

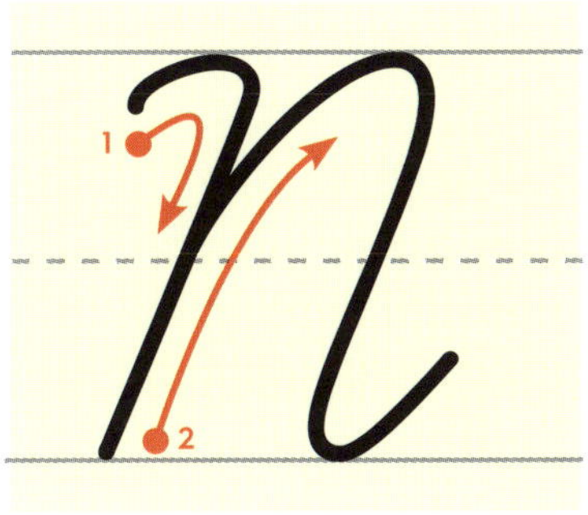

N N N N N N

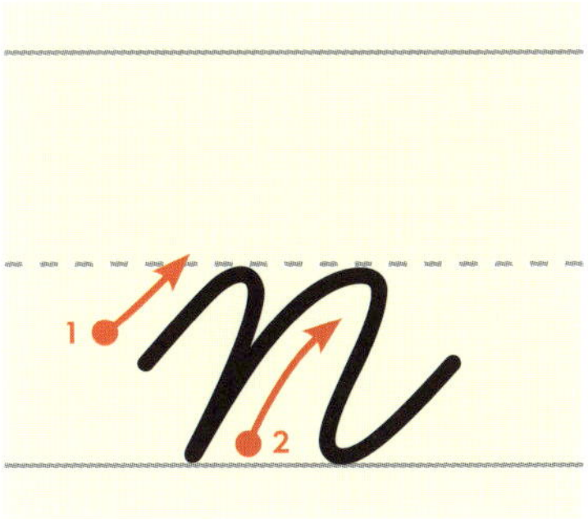

n n n n n n n

a b c d e f g h i j k l m n o p q r s t u v w x y z

a b c d e f g h i j k l m n o p q r s t u v w x y z

Oo

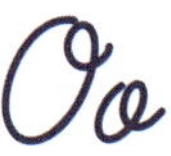

Trace each letter, then practice writing the letter.

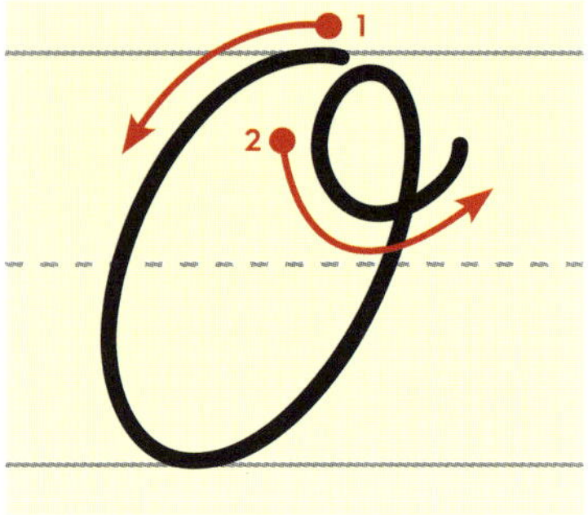

O O O O O O

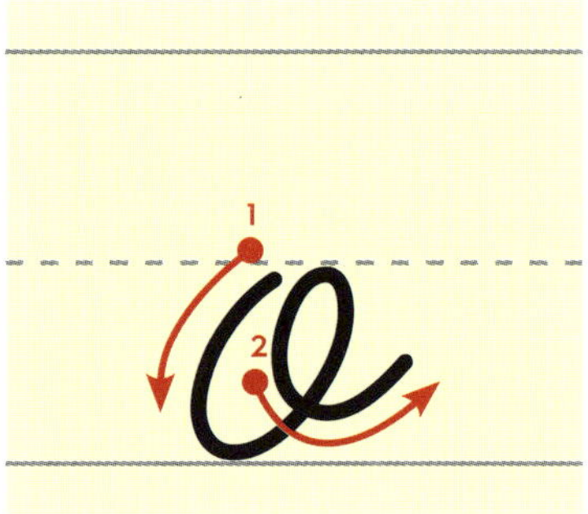

o o o o o o o

A B C D E F G H I J K L M N O P Q R S T U V W X Y Z

a B C D E F G H I J K L M n n O P Q R S T U V W X y z

Trace each letter, then practice writing the letter.

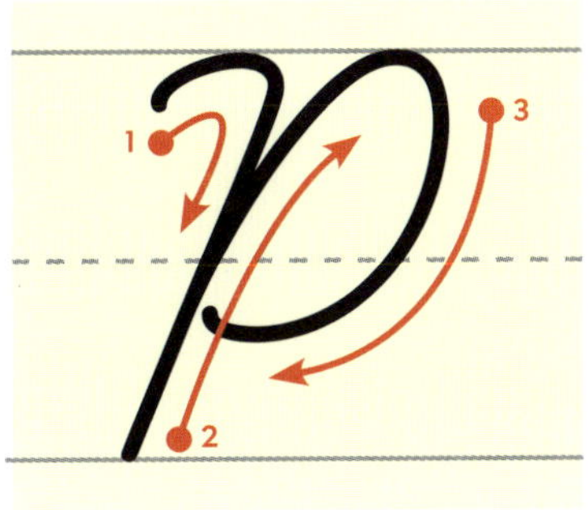

a b c d e f g h i j k l m n o p q r s t u v w x y z

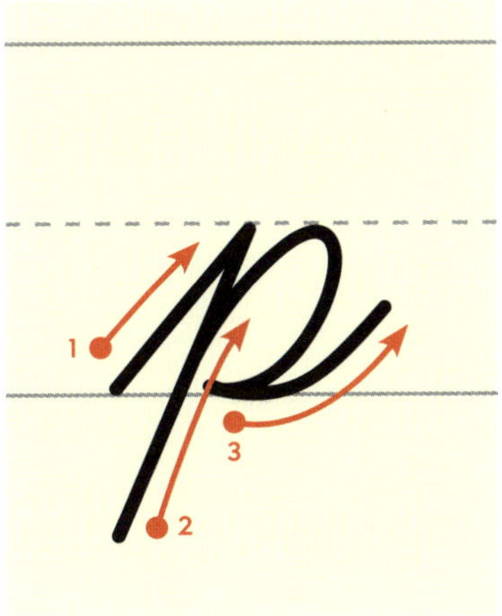

a b c d e f g h i j k l m n o p q r s t u v w x y z

Trace each letter, then practice writing the letter.

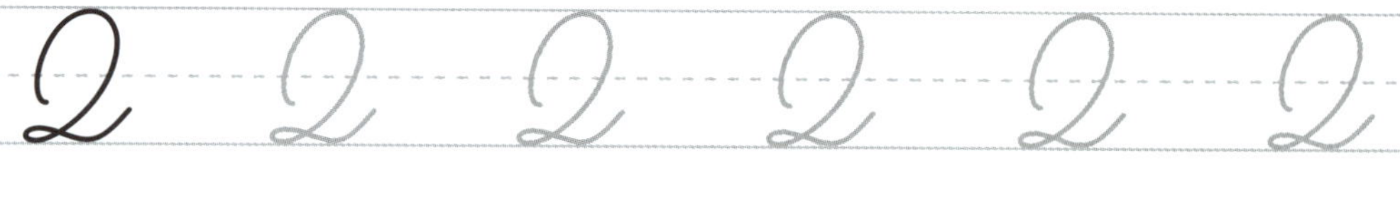

A B C D E F G H I J K L M N O P Q R S T U V W X Y Z

A B C D E F G H I J K L M N O P Q R S T U V W X Y Z

Trace each letter, then practice writing the letter.

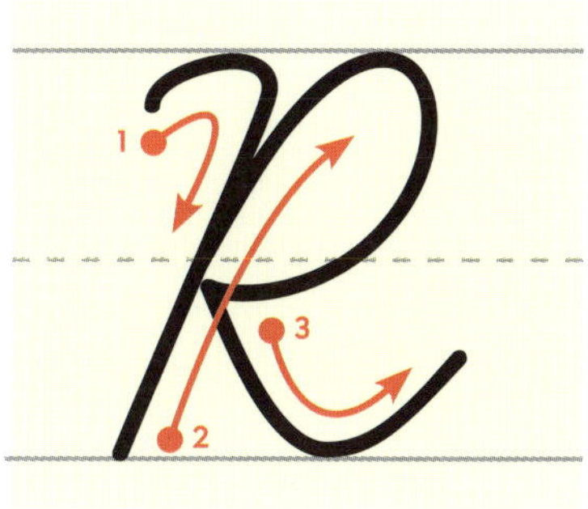

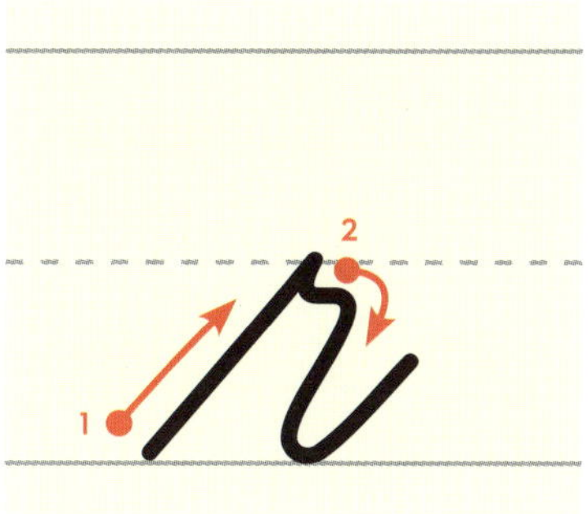

1 2 3

2 1

Trace each letter, then practice writing the letter.

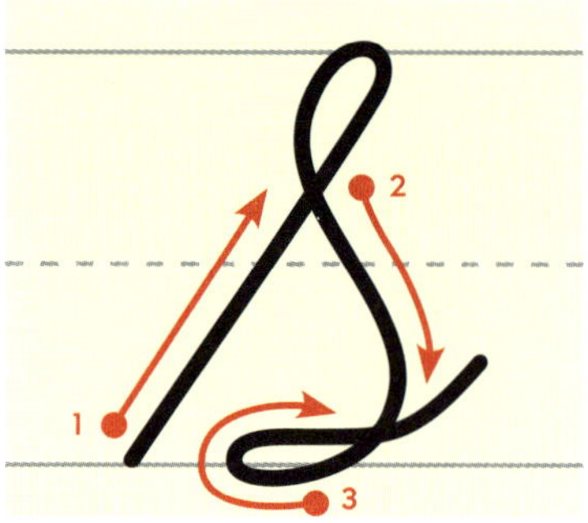

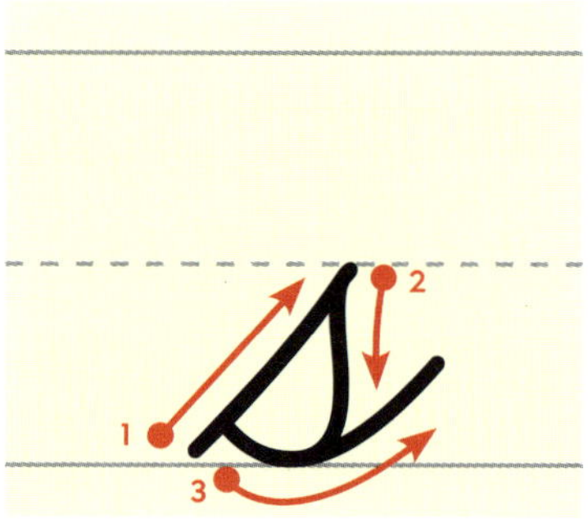

Tt

Trace each letter, then practice writing the letter.

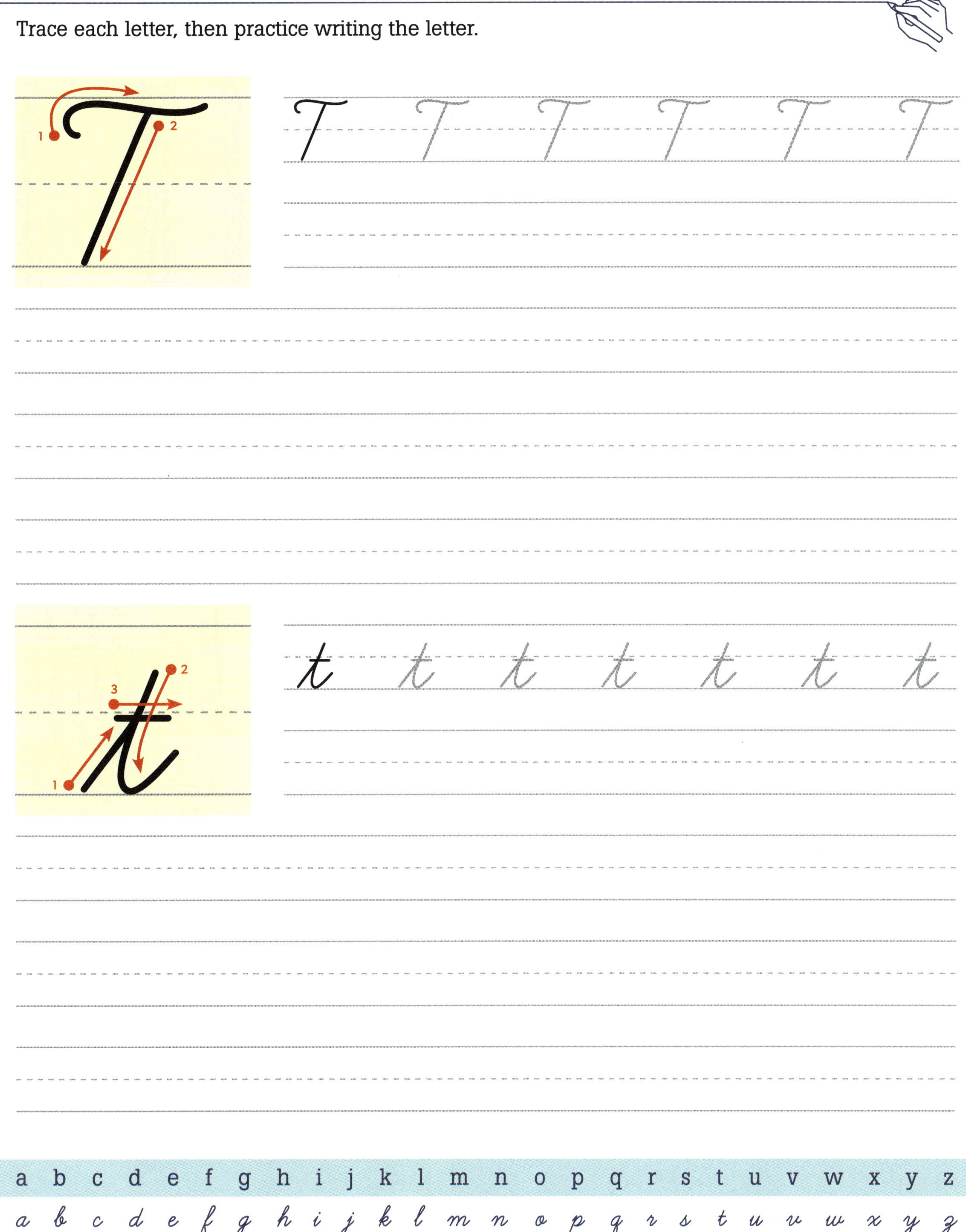

a b c d e f g h i j k l m n o p q r s t u v w x y z

a b c d e f g h i j k l m n o p q r s t u v w x y z

Trace each letter, then practice writing the letter.

Trace each letter, then practice writing the letter.

V V V V V V

v v v v v v v

a b c d e f g h i j k l m n o p q r s t u v w x y z

a b c d e f g h i j k l m n o p q r s t u v w x y z

Ww

Trace each letter, then practice writing the letter.

A B C D E F G H I J K L M N O P Q R S T U V W X Y Z

Trace each letter, then practice writing the letter.

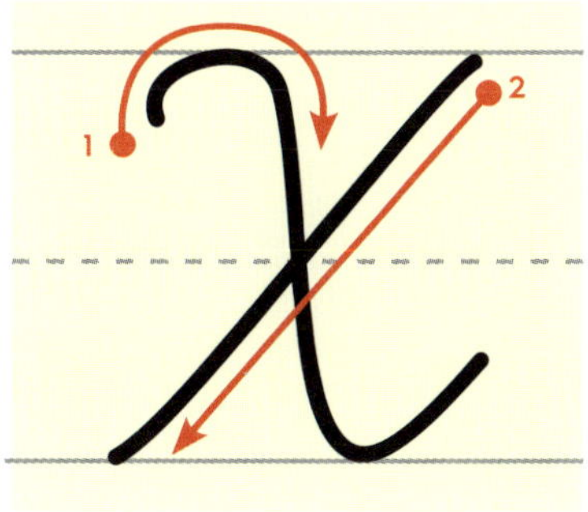

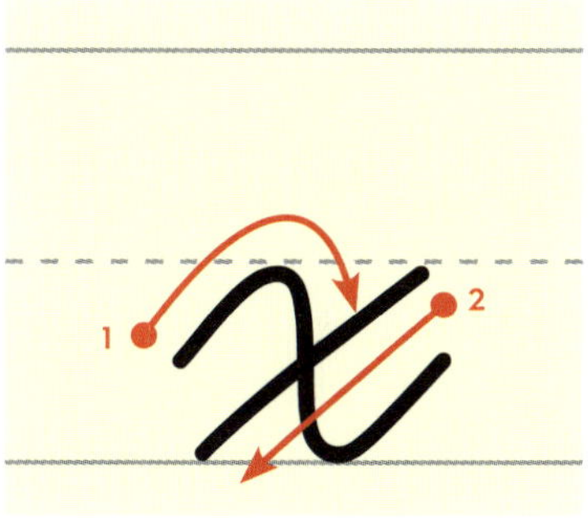

1 2

1 2

a b c d e f g h i j k l m n o p q r s t u v w x y z

Trace each letter, then practice writing the letter.

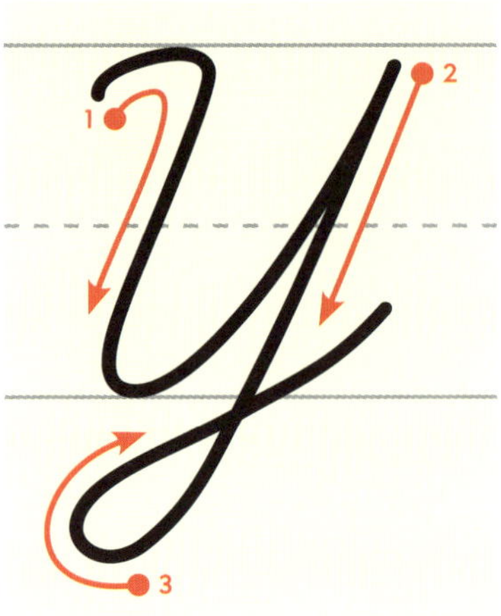

1 2 3

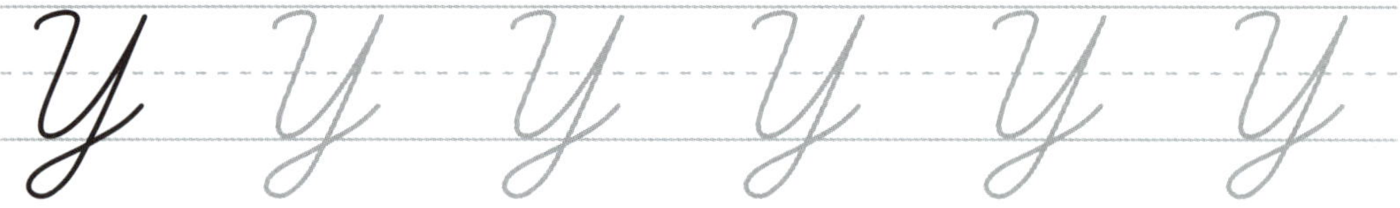

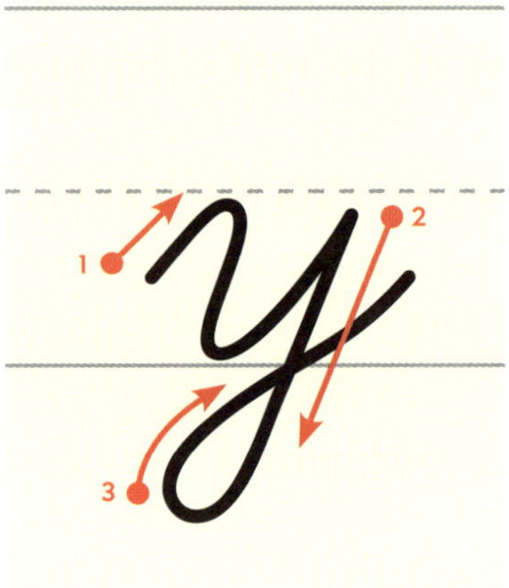

1 2 3

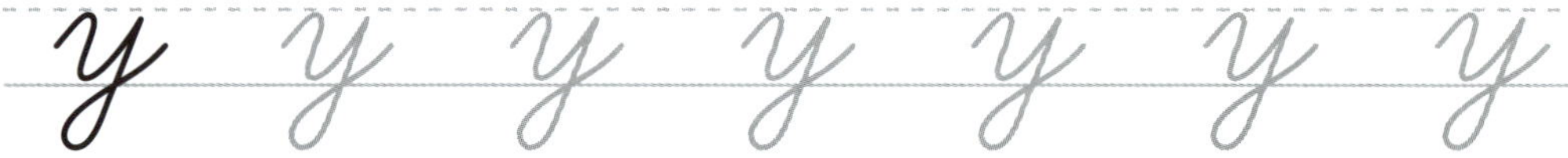

A B C D E F G H I J K L M N O P Q R S T U V W X Y Z

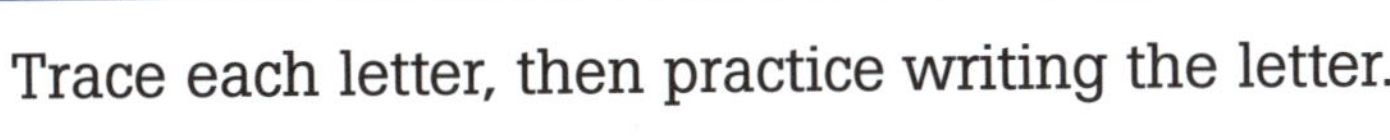

Trace each letter, then practice writing the letter.

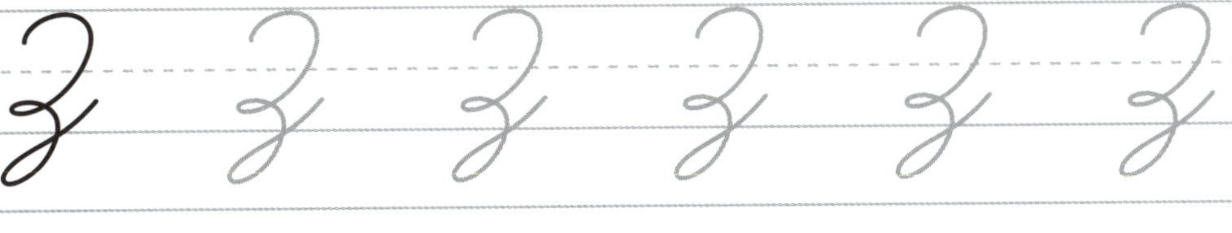

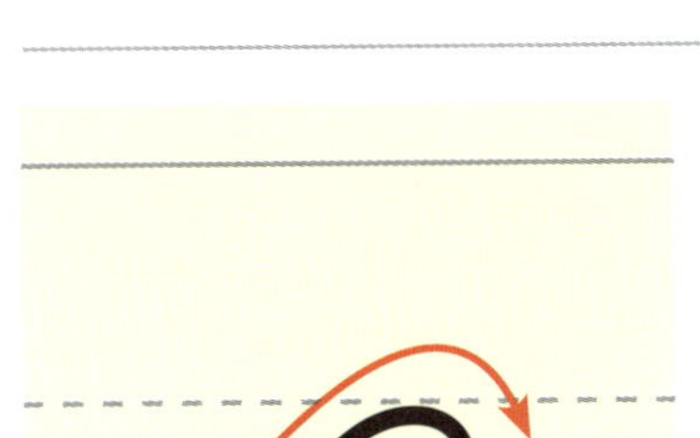

a b c d e f g h i j k l m n o p q r s t u v w x y z

a b c d e f g h i j k l m n o p q r s t u v w x y z

Write Two-Letter Words

When writing a word, keep your pen or pencil on the page to string letters together.

Trace each word, then practice writing the word.

a n an an an an an

b y by by by by by

d o do do do do do

g o go go go go go

h i hi hi hi hi hi

i s is is is is is

l o lo lo lo lo lo

A B C D E F G H I J K L M N O P Q R S T U V W X Y Z

A B C D E F G H I J K L M N O P Q R S T U V W X Y Z

Trace each word, then practice writing the word.

m e me me me me me

n o no no no no no

o f of of of of of

s o so so so so so

t o to to to to to

u s us us us us us

w e we we we we we

a b c d e f g h i j k l m n o p q r s t u v w x y z

a b c d e f g h i j k l m n o p q r s t u v w x y z

Write Three-Letter Words

Trace each word, then practice writing the word.

a n t ant ant ant ant ant

b u t but but but but but

c a n can can can can can

d o g dog dog dog dog dog

e a t eat eat eat eat eat

f i t fit fit fit fit fit

A B C D E F G H I J K L M N O P Q R S T U V W X Y Z

A B C D E F G H I J K L M N O P Q R S T U V W X Y Z

Trace each word, then practice writing the word.

g a s gas gas gas gas gas

h a d had had had had had

i c e ice ice ice ice ice

j e t jet jet jet jet jet

k i t kit kit kit kit kit

l o w low low low low low

a b c d e f g h i j k l m n o p q r s t u v w x y z

a b c d e f g h i j k l m n o p q r s t u v w x y z

Write Three-Letter Words

Trace each word, then practice writing the word.

m a n man man man man man

n e w new new new new new

o a t oat oat oat oat oat

p e t pet pet pet pet pet

r u n run run run run run

s e a sea sea sea sea sea

A B C D E F G H I J K L M N O P Q R S T U V W X Y Z

A B C D E F G H I J K L M N O P Q R S T U V W X Y Z

Trace each word, then practice writing the word.

t o n ton ton ton ton ton

u s e use use use use use

v a t vat vat vat vat vat

w a y way way way way way

y o u you you you you you

z i p zip zip zip zip zip

a b c d e f g h i j k l m n o p q r s t u v w x y z

a b c d e f g h i j k l m n o p q r s t u v w x y z

Write Four-Letter Words

Trace each word, then practice writing the word.

a r c h arch arch arch arch

b e a t beat beat beat beat

c a r d card card card card

d i g s digs digs digs digs

e a c h each each each each

f i r e fire fire fire fire

A B C D E F G H I J K L M N O P Q R S T U V W X Y Z

A B C D E F G H I J K L M N O P Q R S T U V W X Y Z

Trace each word, then practice writing the word.

g o o d good good good good

h i r e hire hire hire hire

i d e a idea idea idea idea

j u m p jump jump jump jump

k i t e kite kite kite kite

l o n g long long long long

a b c d e f g h i j k l m n o p q r s t u v w x y z

a b c d e f g h i j k l m n o p q r s t u v w x y z

Write Four-Letter Words

Trace each word, then practice writing the word.

m a n y many many many

n o n e none none none

o p e n open open open

p e a r pear pear pear

s i n g sing sing sing

t u r n turn turn turn

A B C D E F G H I J K L M N O P Q R S T U V W X Y Z

A B C D E F G H I J K L M N O P Q R S T U V W X Y Z

Trace each word, then practice writing the word.

u s e d used used used

v e i n vein vein vein

w a s h wash wash wash

x - r a y x-ray x-ray x-ray

y o u r your your your

z e r o zero zero zero

a b c d e f g h i j k l m n o p q r s t u v w x y z

a b c d e f g h i j k l m n o p q r s t u v w x y z

Write Five-Letter Words

Trace each word, then practice writing the word.

w r i t e write write write

p l a c e place place place

q u e e n queen queen queen

a p p l e apple apple apple

w h i c h which which which

t h e r e there there there

A B C D E F G H I J K L M N O P Q R S T U V W X Y Z

A B C D E F G H I J K L M N O P Q R S T U V W X Y Z

Trace each word, then practice writing the word.

other other other other

being being being being

under under under under

years years years years

might might might might

clown clown clown clown

a b c d e f g h i j k l m n o p q r s t u v w x y z

a b c d e f g h i j k l m n o p q r s t u v w x y z

Write Five-Letter Words

Trace each word, then practice writing the word.

r i g h t right right right

p l a c e place place place

e v e r y every every every

s m a l l small small small

g r o u p group group group

l a r g e large large large

A B C D E F G H I J K L M N O P Q R S T U V W X Y Z

A B C D E F G H I J K L M N O P Q R S T U V W X Y Z

Trace each word, then practice writing the word.

h u m a n human human human

f i r s t first first first

a p p l e apple apple apple

d r i v e drive drive drive

o a s i s oasis oasis oasis

w a c k y wacky wacky wacky

a b c d e f g h i j k l m n o p q r s t u v w x y z

a b c d e f g h i j k l m n o p q r s t u v w x y z

Write Numbers

Trace each number, then practice writing the number.

one one one one one

two two two two two

three three three three three

four four four four four

five five five five five

six six six six six

seven seven seven seven seven

A B C D E F G H I J K L M N O P Q R S T U V W X Y Z

A B C D E F G H I J K L M N O P Q R S T U V W X Y Z

Trace each number, then practice writing the number.

eight eight eight eight eight

nine nine nine nine nine

ten ten ten ten ten

eleven eleven eleven eleven

twelve twelve twelve twelve

thirteen thirteen thirteen thirteen

fourteen fourteen fourteen fourteen

a b c d e f g h i j k l m n o p q r s t u v w x y z

a b c d e f g h i j k l m n o p q r s t u v w x y z

Write Numbers

Trace each number, then practice writing the number.

fifteen fifteen fifteen fifteen

sixteen sixteen sixteen sixteen

seventeen seventeen seventeen
seventeen

eighteen eighteen eighteen eighteen

nineteen nineteen nineteen
nineteen

twenty twenty twenty twenty

twenty-one twenty-one
twenty-one

A B C D E F G H I J K L M N O P Q R S T U V W X Y Z

A B C D E F G H I J K L M N O P Q R S T U V W X Y Z

Trace each number, then practice writing the number.

twenty-two twenty-two

twenty-two

twenty-three twenty-three

twenty-three

twenty-four twenty-four

twenty-four

twenty-five twenty-five

twenty-five

twenty-six twenty-six

twenty-six

twenty-seven twenty-seven

twenty-seven

twenty-eight twenty-eight

twenty-eight

a b c d e f g h i j k l m n o p q r s t u v w x y z

a b c d e f g h i j k l m n o p q r s t u v w x y z

Write Numbers

Trace each number, then practice writing the number.

twenty-nine twenty-nine
twenty-nine

thirty thirty thirty

forty forty forty

fifty fifty fifty

sixty sixty sixty

seventy seventy seventy

eighty eighty eighty

A B C D E F G H I J K L M N O P Q R S T U V W X Y Z

A B C D E F G H I J K L M N O P Q R S T U V W X Y Z

Trace each number, then practice writing the number.

ninety ninety ninety

one hundred one hundred

one hundred

0 0 0

1 1 1

2 2 2

3 3 3

4 4 4

5 5 5

6 6 6

7 7 7

8 8 8

9 9 9

a b c d e f g h i j k l m n o p q r s t u v w x y z

a b c d e f g h i j k l m n o p q r s t u v w x y z

Write the Days of the Week

Trace each day of the week, then practice writing it.

Monday Monday Monday

Monday

Tuesday Tuesday Tuesday

Tuesday

Wednesday Wednesday Wednesday

Wednesday

Thursday Thursday Thursday

Thursday

A B C D E F G H I J K L M N O P Q R S T U V W X Y Z

A B C D E F G H I J K L M N O P Q R S T U V W X Y Z

Trace each day of the week, then practice writing it.

a b c d e f g h i j k l m n o p q r s t u v w x y z

a b c d e f g h i j k l m n o p q r s t u v w x y z

Write the Months of the Year

Trace each month, then practice writing it.

January January January

February February February

March March March

April April April

May May May

June June June

A B C D E F G H I J K L M N O P Q R S T U V W X Y Z

A B C D E F G H I J K L M N O P Q R S T U V W X Y Z

Trace each month, then practice writing it.

July July July

August August August

September September September

October October October

November November November

December December December

a b c d e f g h i j k l m n o p q r s t u v w x y z

a b c d e f g h i j k l m n o p q r s t u v w x y z

Sentences to Write

Try writing pangrams! Pangrams are sentences that include every letter of the alphabet at least once. Have fun copying the pangrams here. Then try making up your own pangram.

The quick brown fox jumps over the lazy dog.

The quick brown fox jumps over the lazy dog.

Behold exquisite glazed doughnuts, vanilla coffee, juice, kiwi, & papaya on the restaurant menu.

Behold exquisite glazed doughnuts, vanilla coffee, juice, kiwi, & papaya on the restaurant menu.

A B C D E F G H I J K L M N O P Q R S T U V W X Y Z

A B C D E F G H I J K L M N O P Q R S T U V W X Y Z

Wacky quetzals and quokkas behaved, and bid adieux politely just for good measure.

Wacky quetzals and quokkas behaved, and bid adieux politely just for good measure.

How do very excited mallards quack crazily in the beautiful green pond in June?

How do very excited mallards quack crazily in the beautiful green pond in June?

a b c d e f g h i j k l m n o p q r s t u v w x y z

a b c d e f g h i j k l m n o p q r s t u v w x y z

Sentences to Write

Try writing pangrams! Pangrams are sentences that include every letter of the alphabet at least once. Have fun copying the pangrams here. Then try making up your own pangram.

My very wonderful gem book includes amethyst,
zircon, quartz, onyx, beryl, jade, and fire opal.

My very wonderful gem book includes amethyst,
zircon, quartz, onyx, beryl, jade, and fire opal.

A B C D E F G H I J K L M N O P Q R S T U V W X Y Z

A B C D E F G H I J K L M N O P Q R S T U V W X Y Z

More Sentences to Write

A journey of a thousand miles begins with a single step.

Thinking of tomorrow helps us grow and move forward.

Every day may not be a good day, but there is something good in every day.

a b c d e f g h i j k l m n o p q r s t u v w x y z

a b c d e f g h i j k l m n o p q r s t u v w x y z

More Sentences to Write

Follow your dreams—they know the way.

Sometimes you win, sometimes you learn.

Mistakes are proof that you are trying.

The best view comes after the hardest climb.

A B C D E F G H I J K L M N O P Q R S T U V W X Y Z

A B C D E F G H I J K L M N O P Q R S T U V W X Y Z

You are capable of more than you know.

Be a zebra in a world full of horses.

I breathe in my courage and exhale my fear.

a b c d e f g h i j k l m n o p q r s t u v w x y z

a b c d e f g h i j k l m n o p q r s t u v w x y z

Quotes to Write

Do not allow negative thoughts to enter your mind for they are weeds that strangle confidence.
—Bruce Lee

Keep your face always toward the sunshine—and shadows will fall behind you.

A B C D E F G H I J K L M N O P Q R S T U V W X Y Z

A B C D E F G H I J K L M N O P Q R S T U V W X Y Z

Don't judge each day by the harvest you reap but by the seeds that you plant.

Knowledge is limited. Imagination encircles the world.
—Albert Einstein

a b c d e f g h i j k l m n o p q r s t u v w x y z

a b c d e f g h i j k l m n o p q r s t u v w x y z

Quotes to Write

Your attitude can take you forward, or your attitude can take you down. The choice is always yours! —Catherine Pulsifer

The greatest events are not our noisiest, but our quietest hours. —Friedrich Nietzsche

A B C D E F G H I J K L M N O P Q R S T U V W X Y Z

A B C D E F G H I J K L M N O P Q R S T U V W X Y Z

a b c d e f g h i j k l m n o p q r s t u v w x y z

a b c d e f g h i j k l m n o p q r s t u v w x y z

Prompts and Questions

Answer the prompts in cursive!

Where is your favorite place you have ever been and why?

A B C D E F G H I J K L M N O P Q R S T U V W X Y Z

A B C D E F G H I J K L M N O P Q R S T U V W X Y Z

What family traditions are important to you?

a b c d e f g h i j k l m n o p q r s t u v w x y z

a b c d e f g h i j k l m n o p q r s t u v w x y z

Prompts and Questions

Answer the prompts in cursive!

What is something you have always wanted to do? Why?

A B C D E F G H I J K L M N O P Q R S T U V W X Y Z

A B C D E F G H I J K L M N O P Q R S T U V W X Y Z

What is the most adventurous thing you have ever done?

a b c d e f g h i j k l m n o p q r s t u v w x y z

a b c d e f g h i j k l m n o p q r s t u v w x y z

Prompts and Questions

Answer the prompts in cursive!

What do you want to be doing in five years?

A B C D E F G H I J K L M N O P Q R S T U V W X Y Z

A B C D E F G H I J K L M N O P Q R S T U V W X Y Z

If you were making a movie or a documentary, what would you want it to be about?

a b c d e f g h i j k l m n o p q r s t u v w x y z

a b c d e f g h i j k l m n o p q r s t u v w x y z

Prompts and Questions

Answer the prompts in cursive!

What superpower would you choose if you were given the ability to develop one superpower?

A B C D E F G H I J K L M N O P Q R S T U V W X Y Z

A B C D E F G H I J K L M N O P Q R S T U V W X Y Z

What is your favorite thing about yourself?

a b c d e f g h i j k l m n o p q r s t u v w x y z

a b c d e f g h i j k l m n o p q r s t u v w x y z

Write Your Own Story

A B C D E F G H I J K L M N O P Q R S T U V W X Y Z

A B C D E F G H I J K L M N O P Q R S T U V W X Y Z

a b c d e f g h i j k l m n o p q r s t u v w x y z

a b c d e f g h i j k l m n o p q r s t u v w x y z

Addressing an Envelope

Practice writing these sample addresses—or your own address—on the envelopes.

Luna MacLune
847 Fitzwilliam Place
Quigley, Maine 67890

A B C D E F G H I J K L M N O P Q R S T U V W X Y Z

A B C D E F G H I J K L M N O P Q R S T U V W X Y Z

Jane Doe
70 South Avenue
Rosehaven, Ohio 67890

a b c d e f g h i j k l m n o p q r s t u v w x y z

a b c d e f g h i j k l m n o p q r s t u v w x y z

Sign Your Name!

Practice writing your name in cursive below.

× ________	× ________
× ________	× ________
× ________	× ________
× ________	× ________
× ________	× ________
× ________	× ________
× ________	× ________
× ________	× ________
× ________	× ________

A B C D E F G H I J K L M N O P Q R S T U V W X Y Z

A B C D E F G H I J K L M N O P Q R S T U V W X Y Z